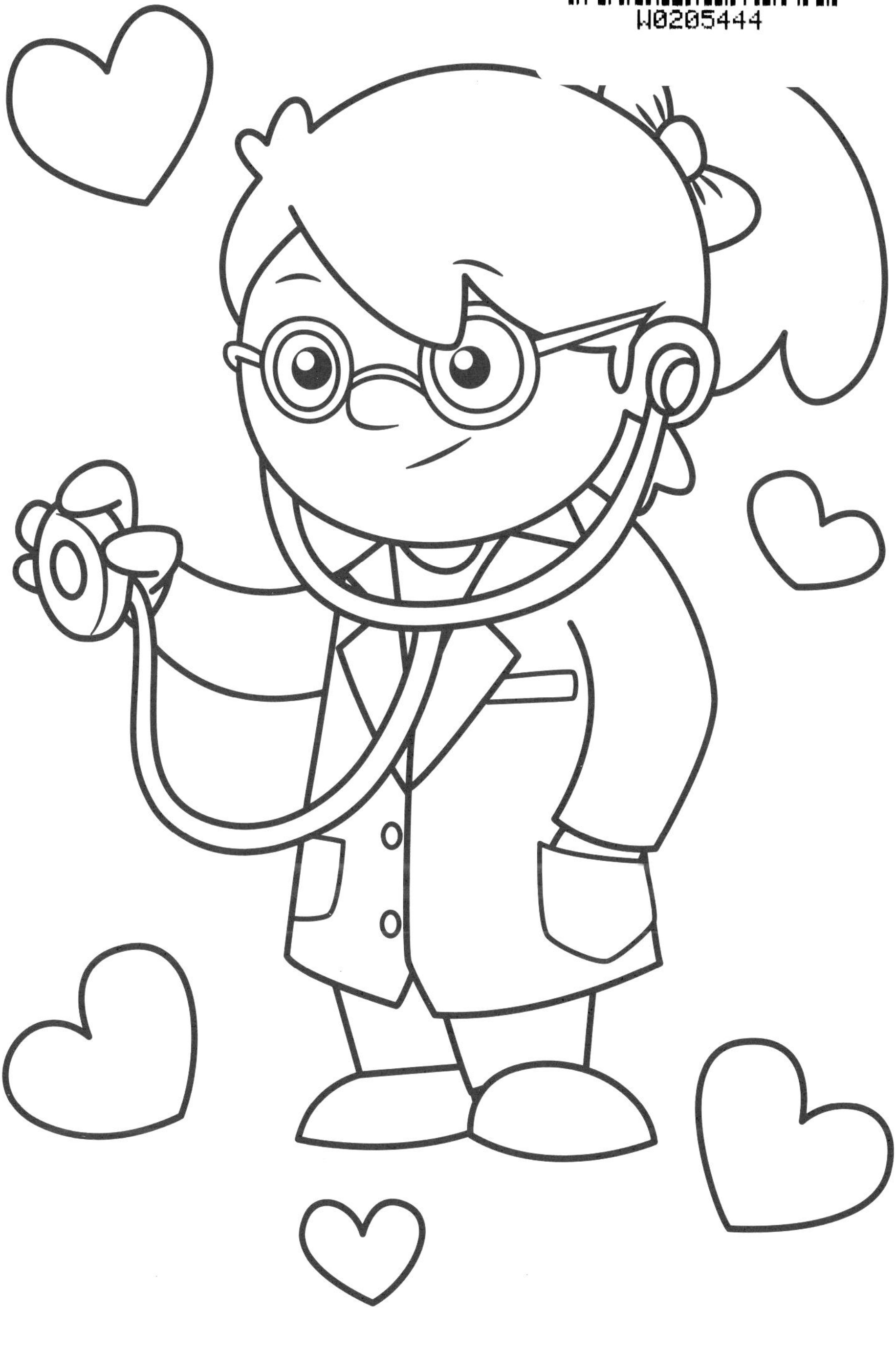

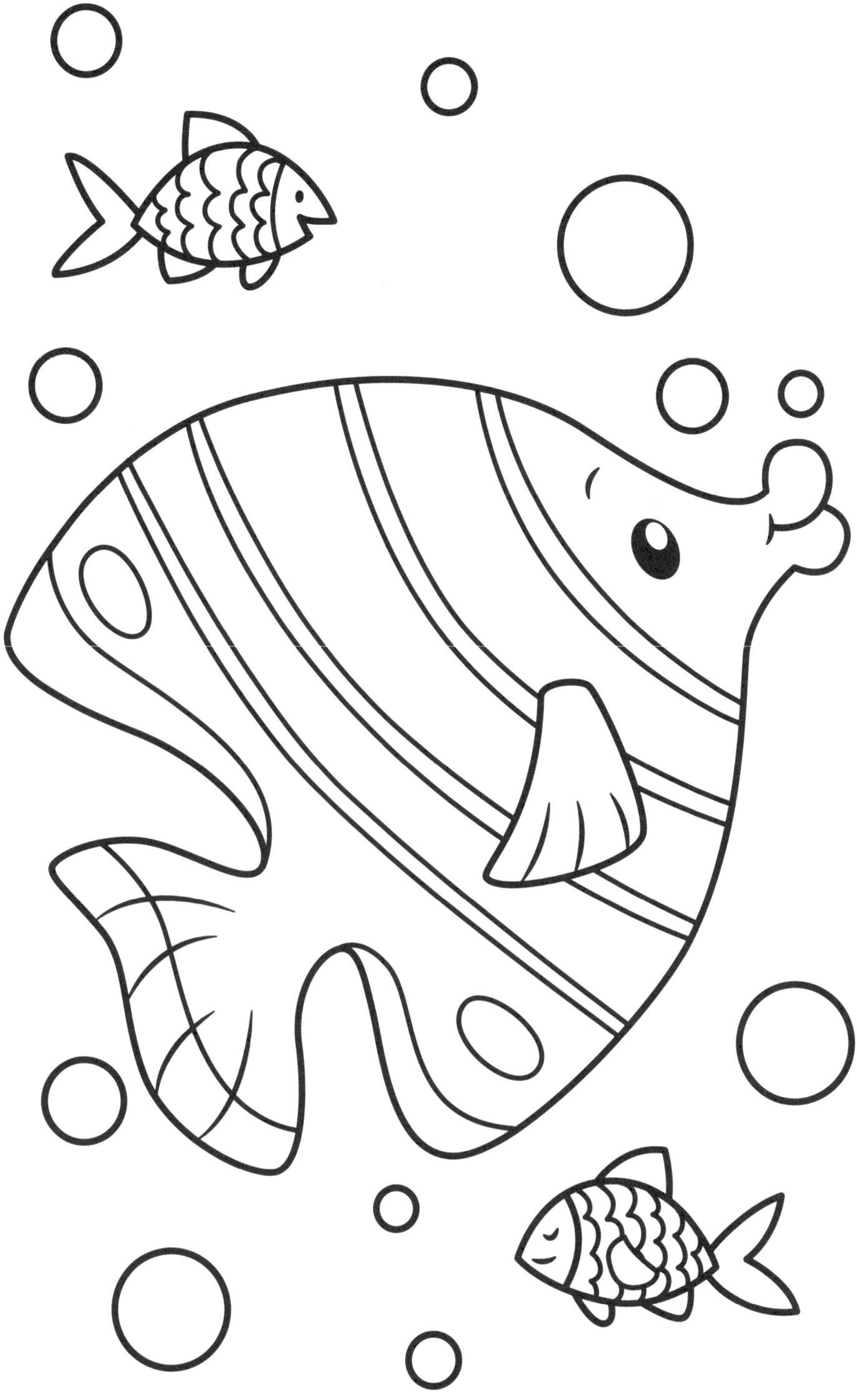

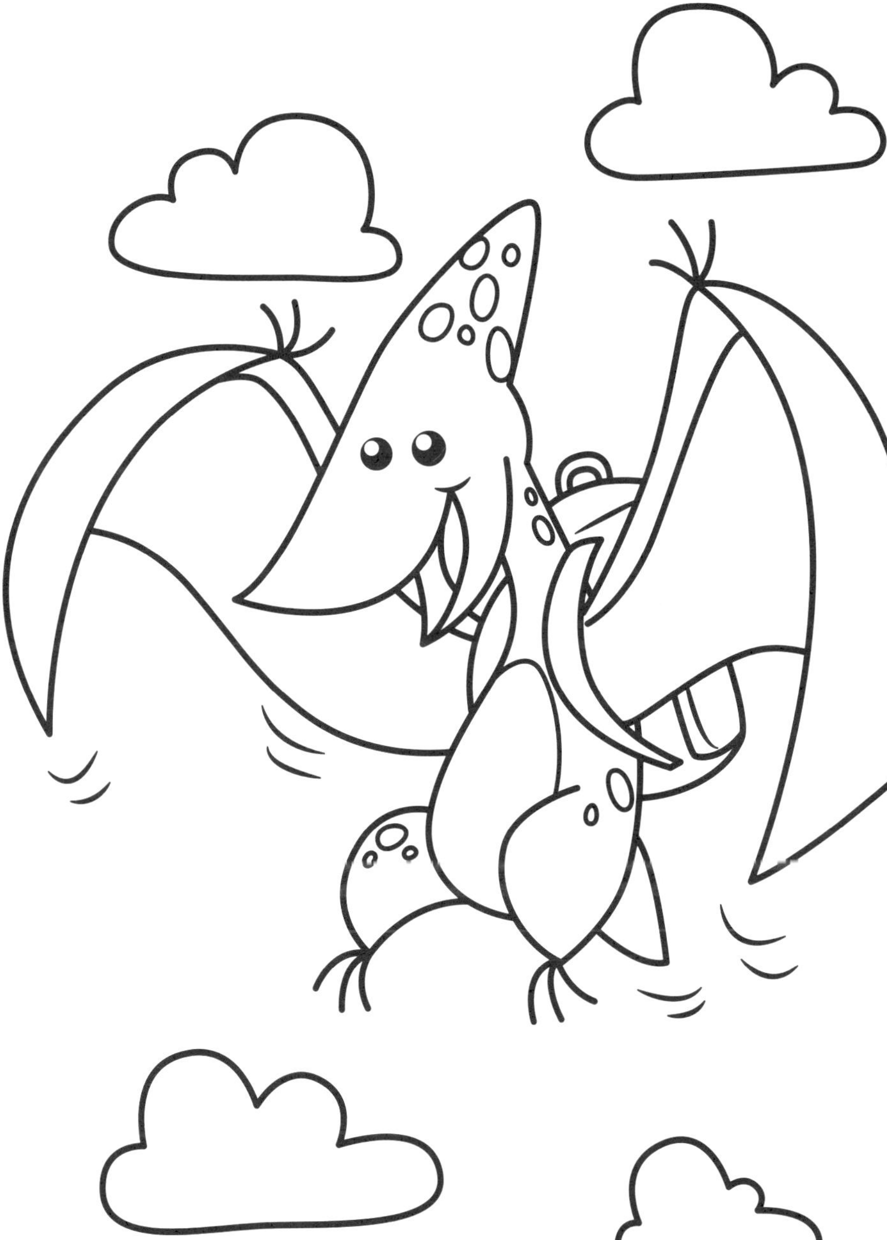

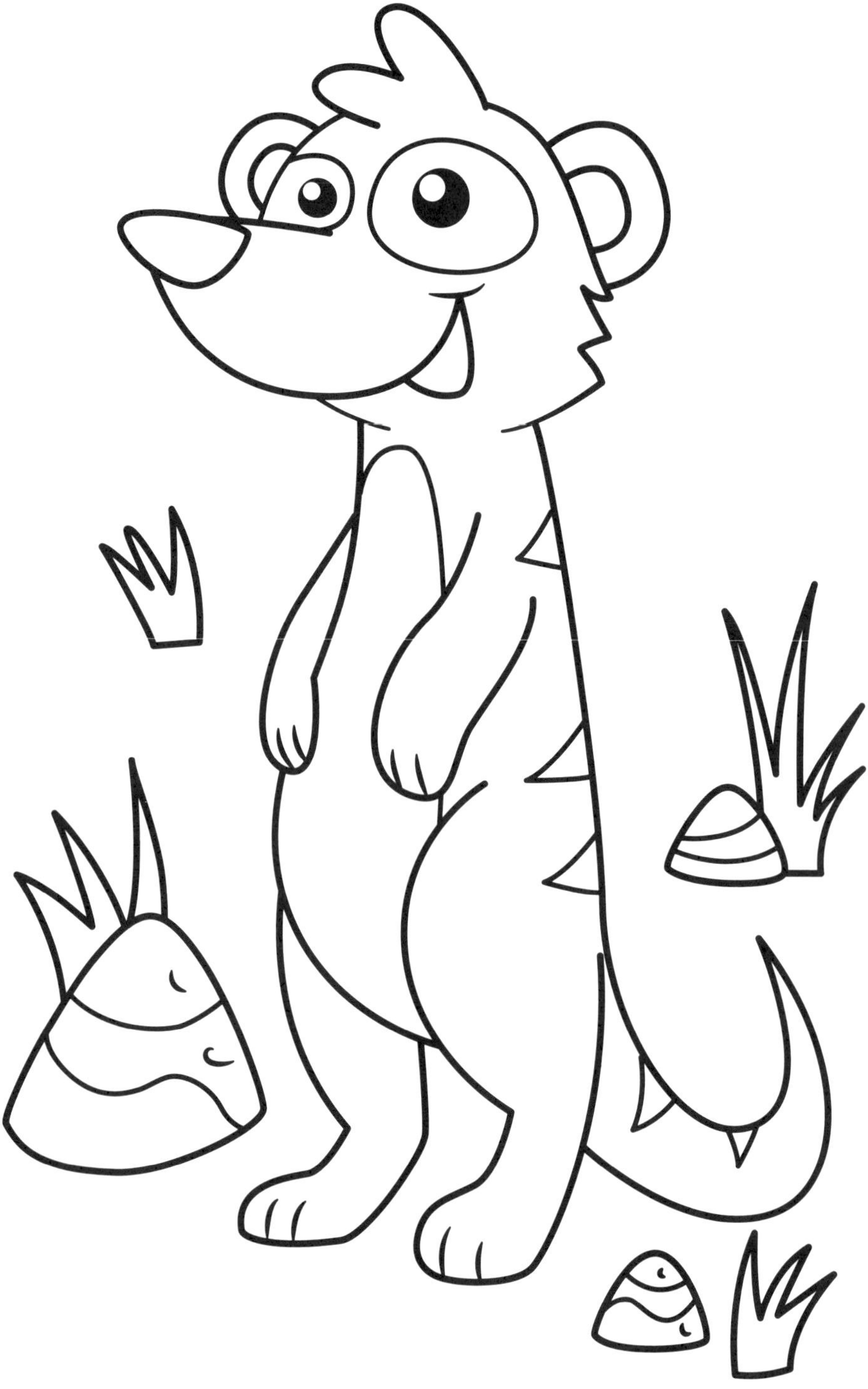

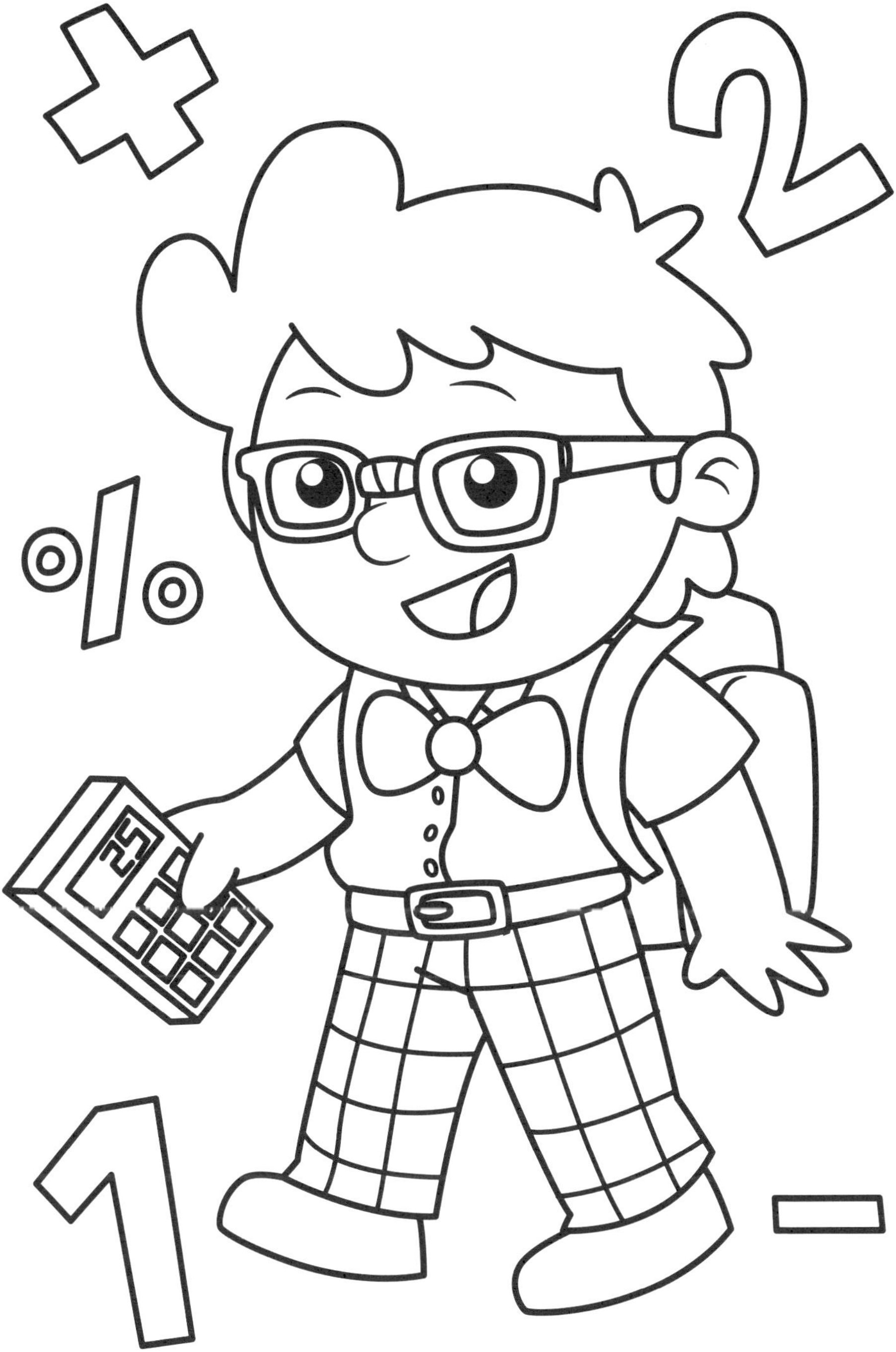

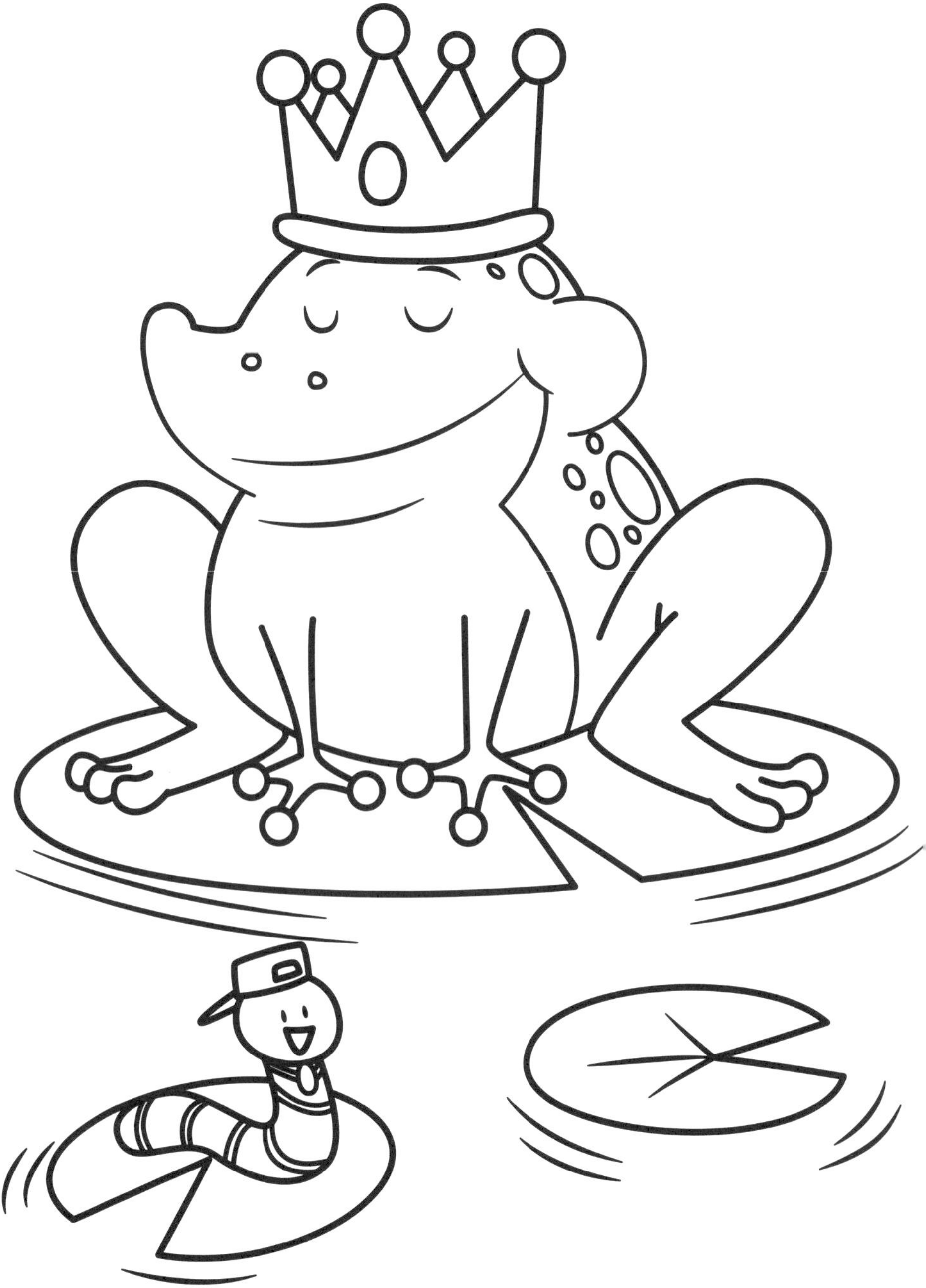

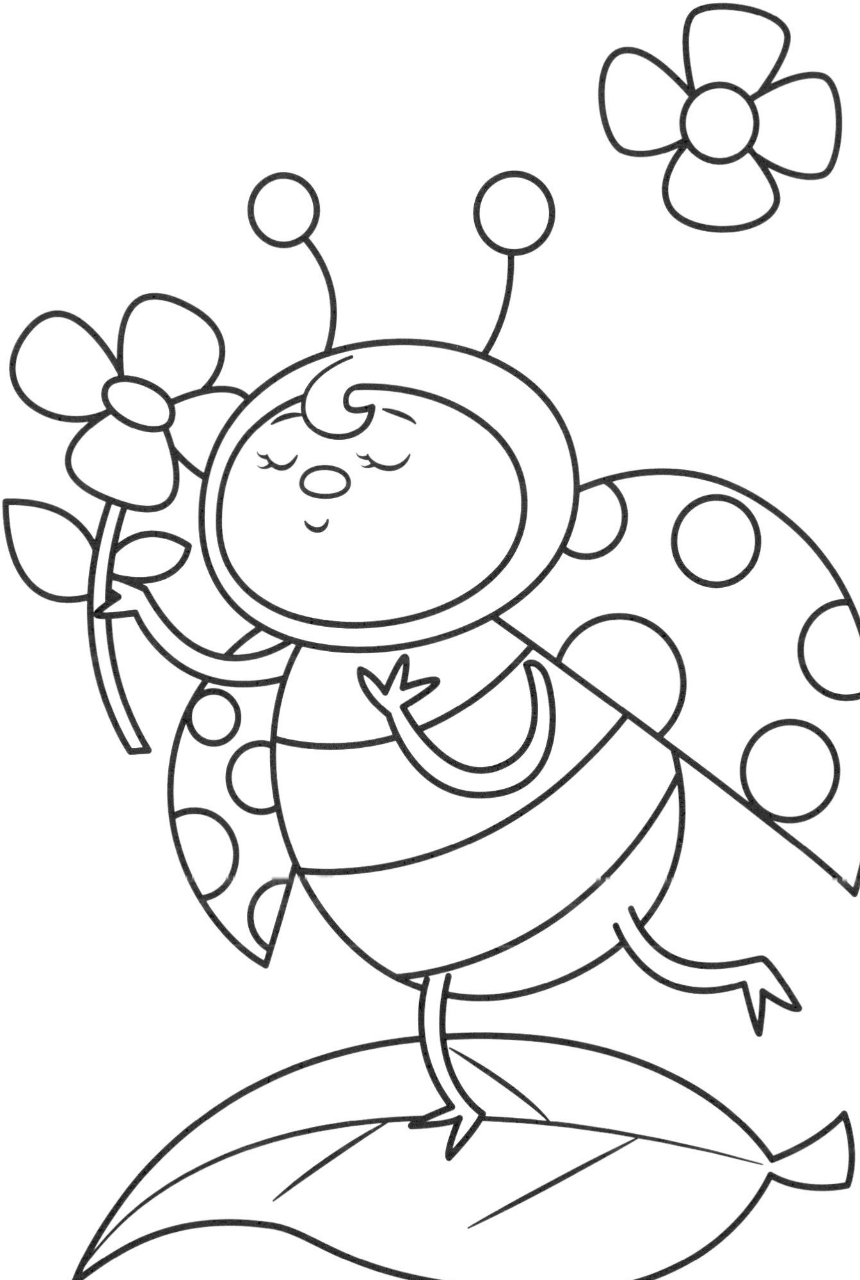

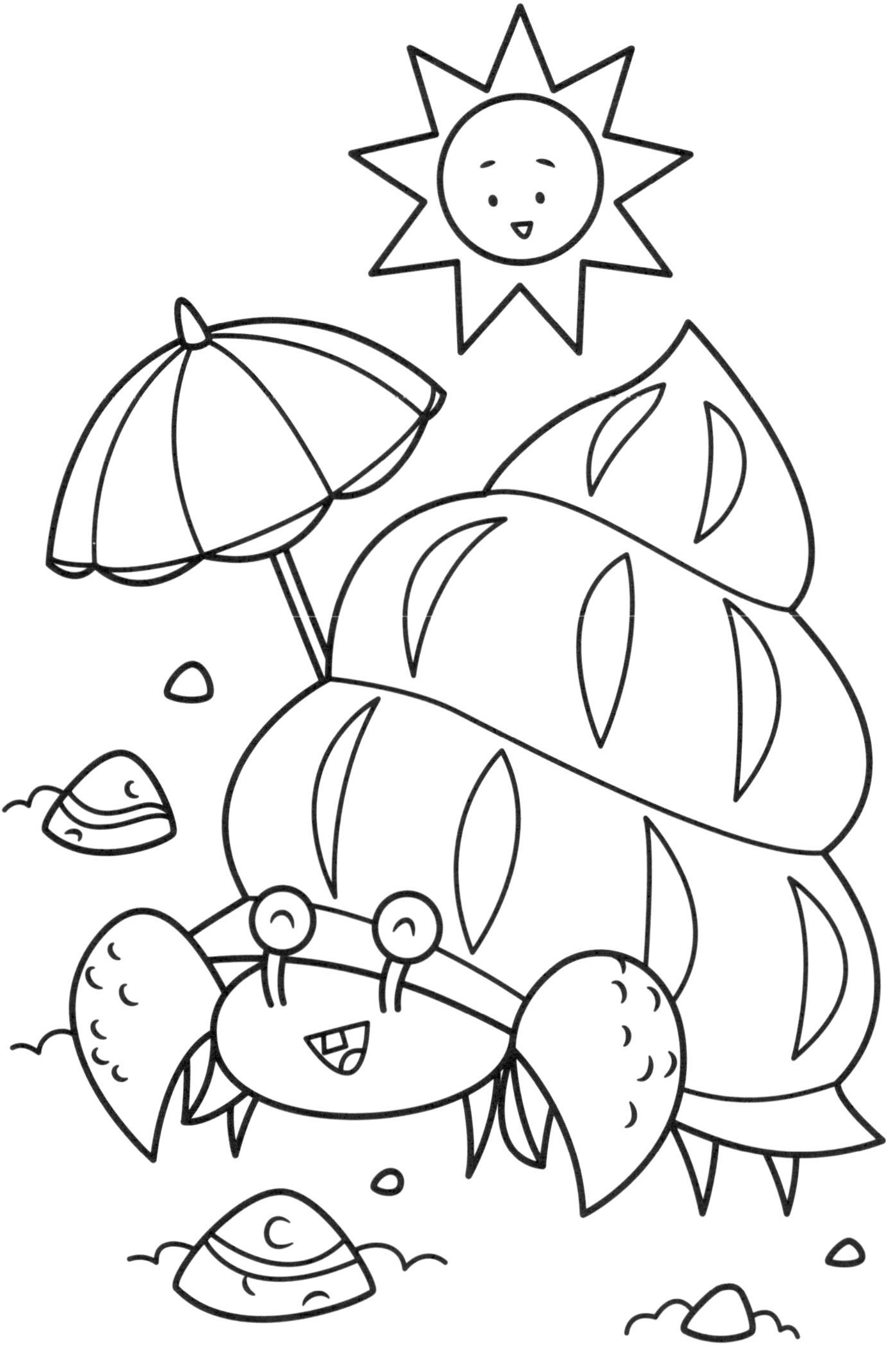

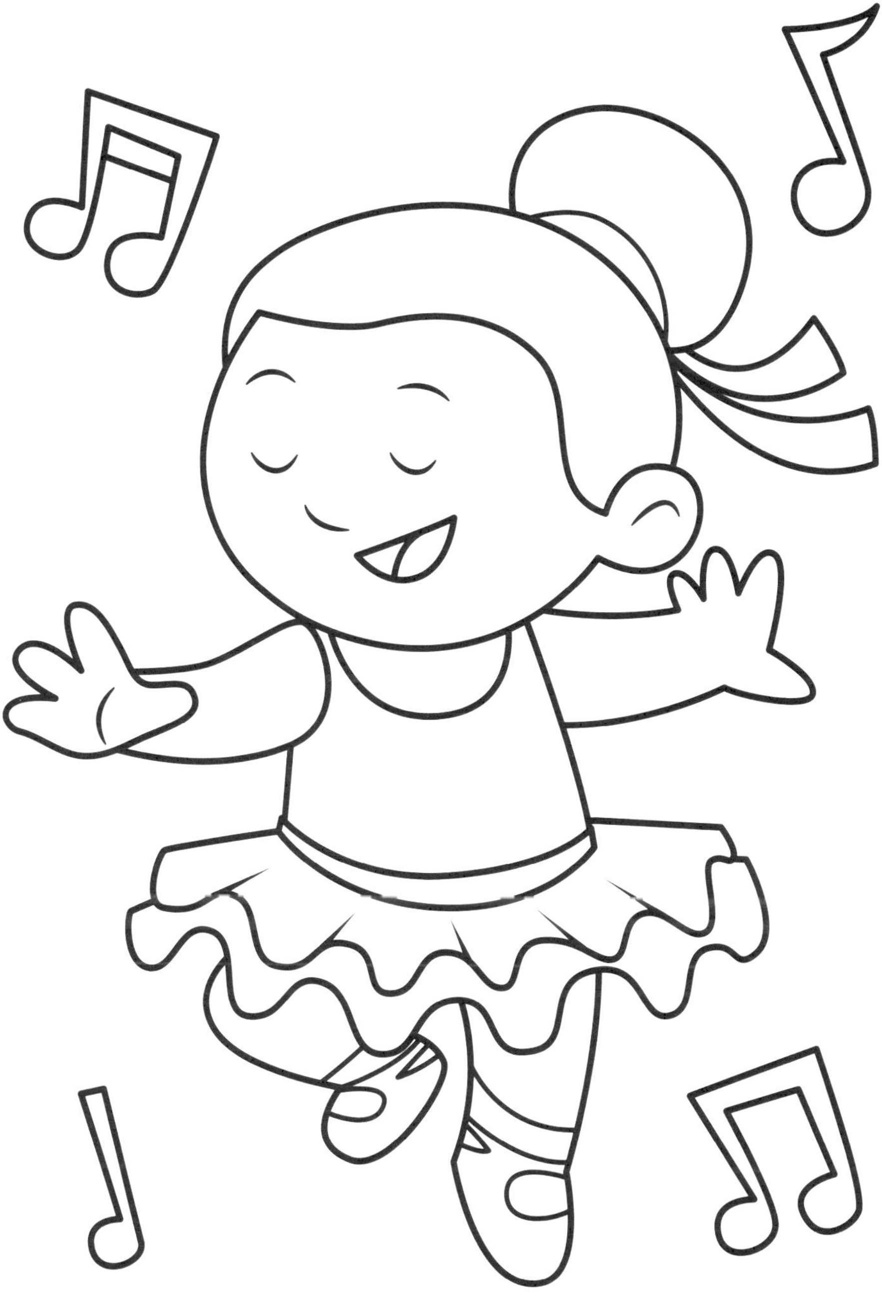

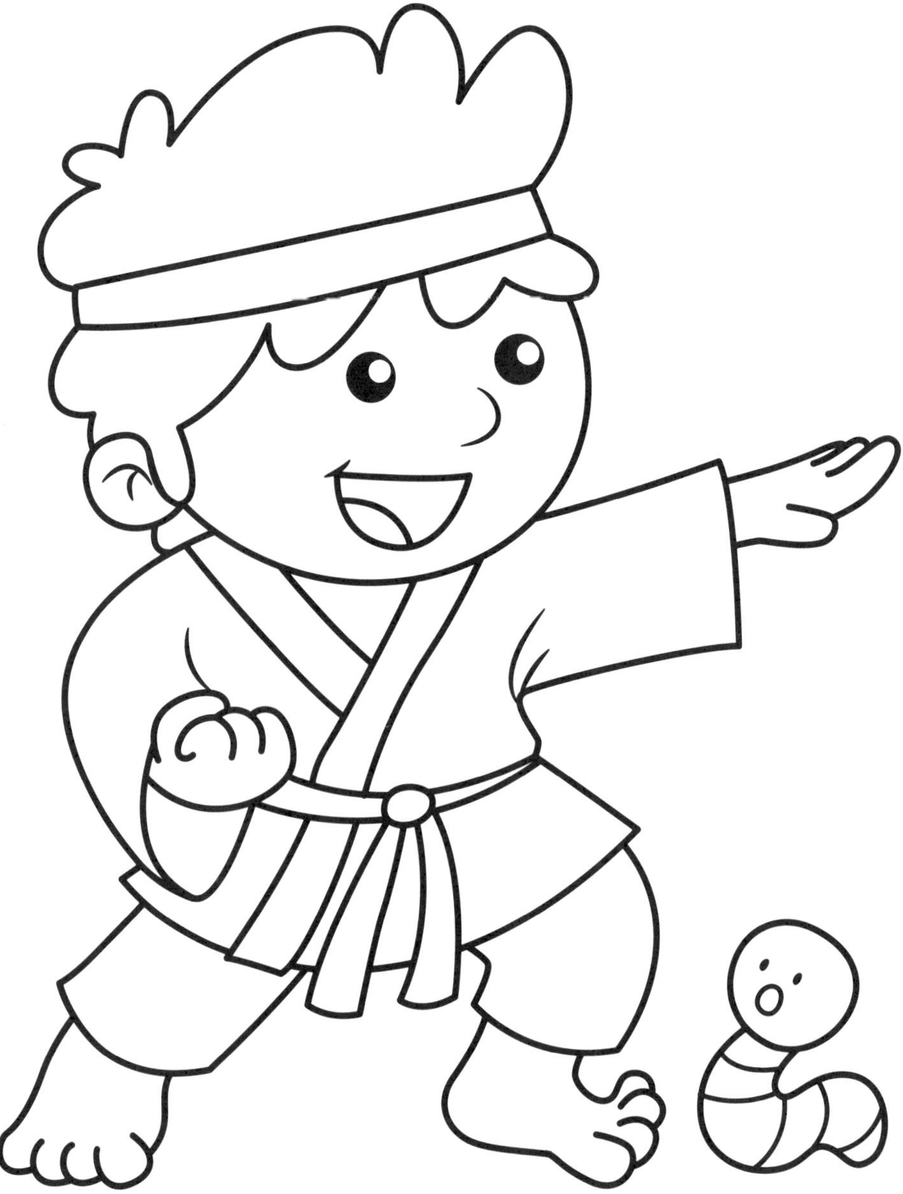

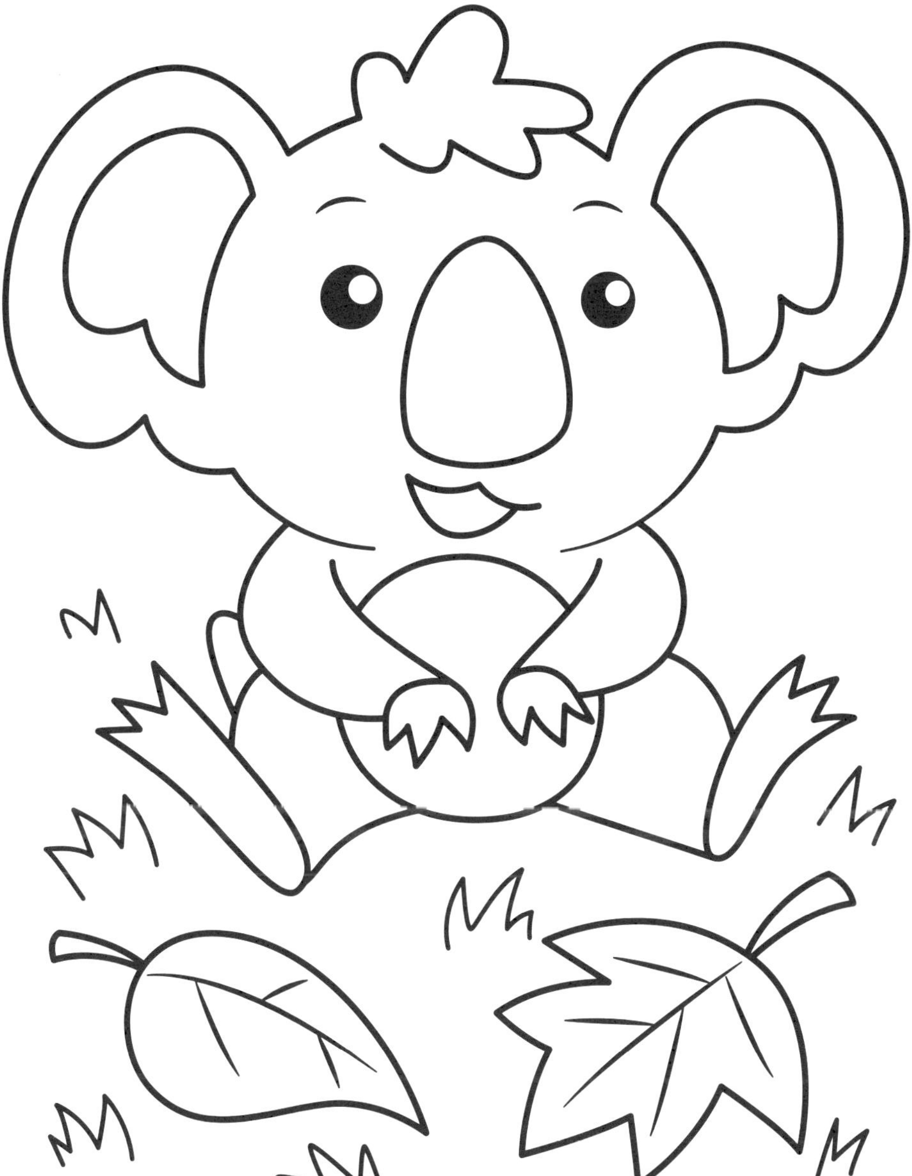

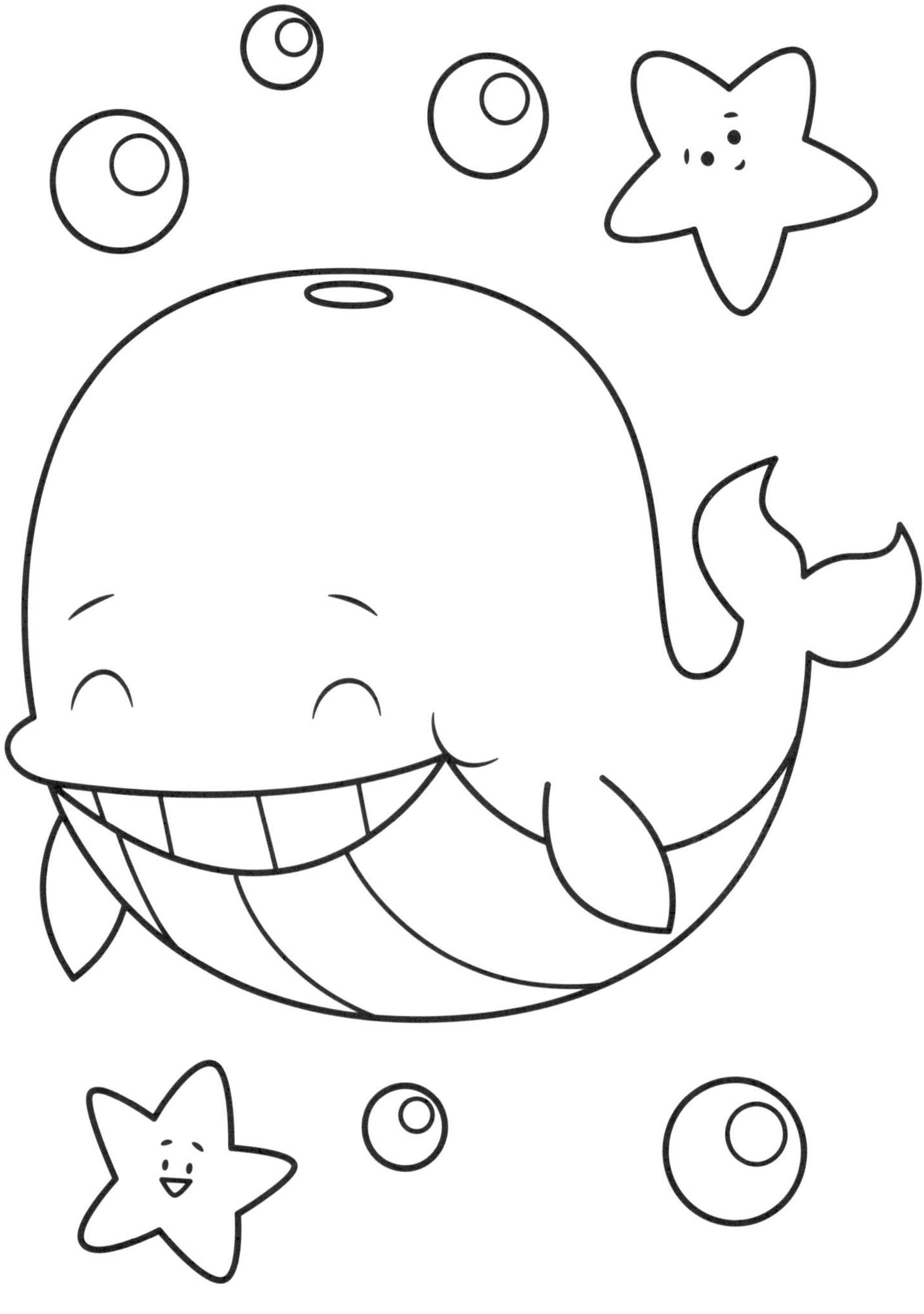

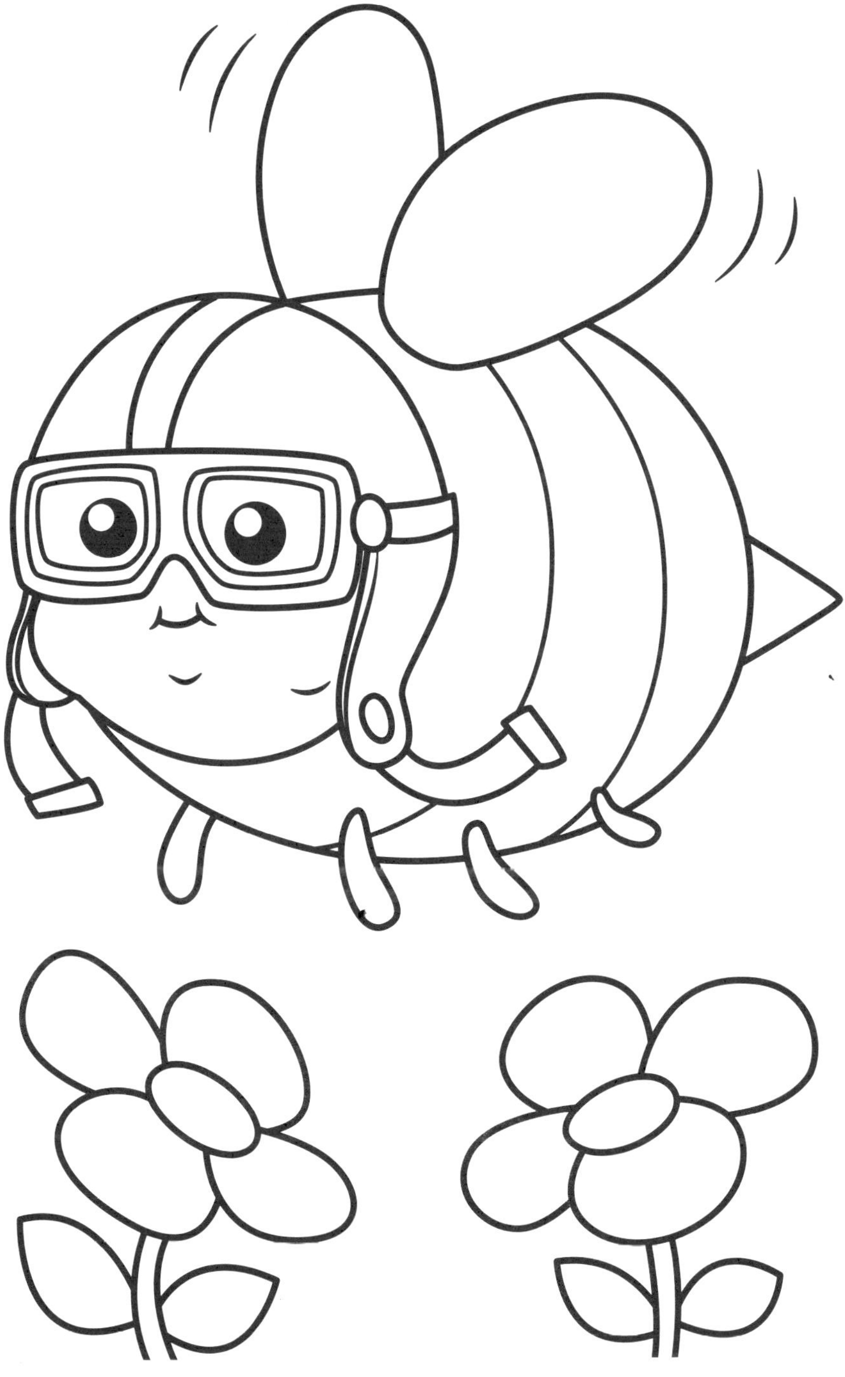

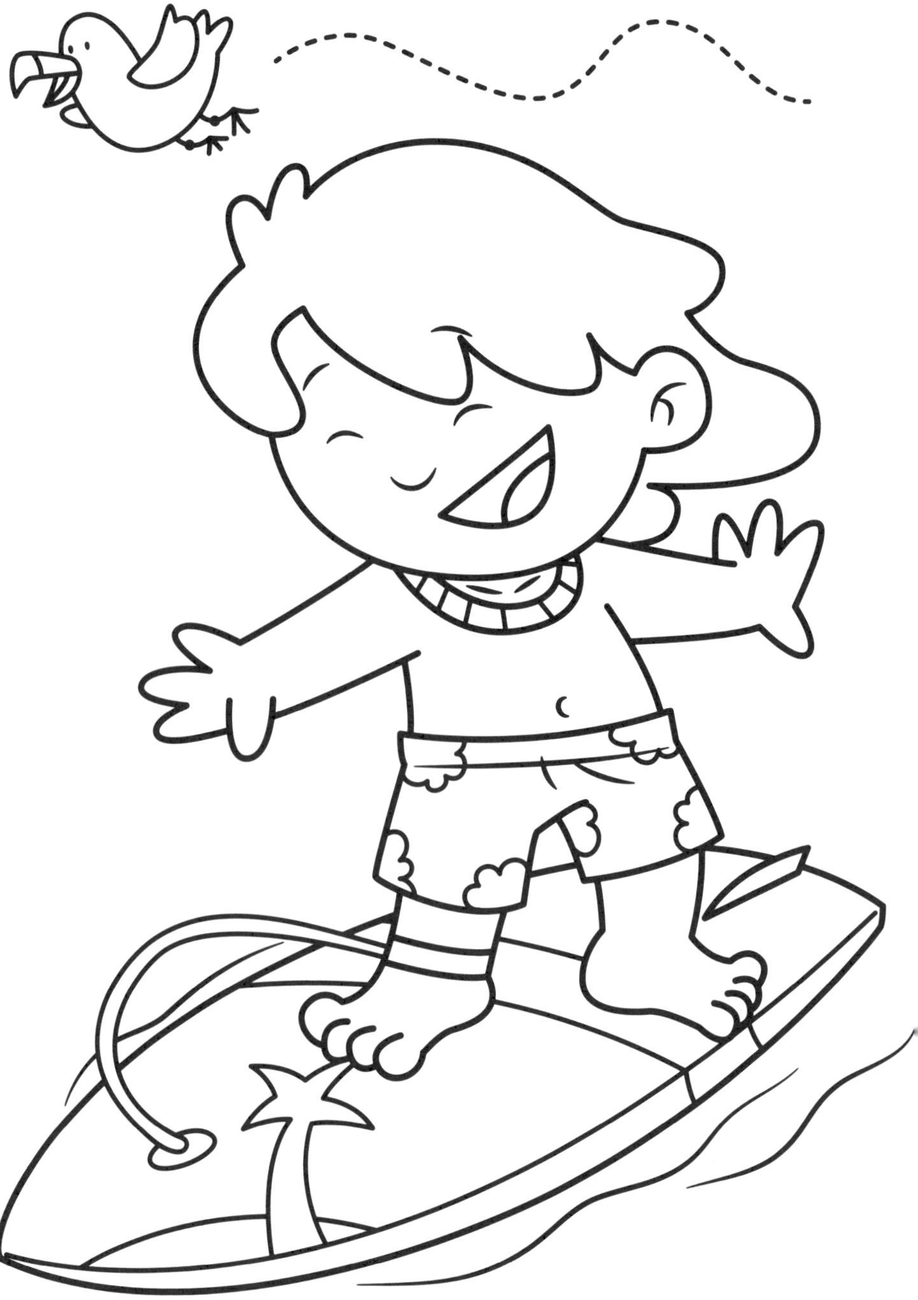

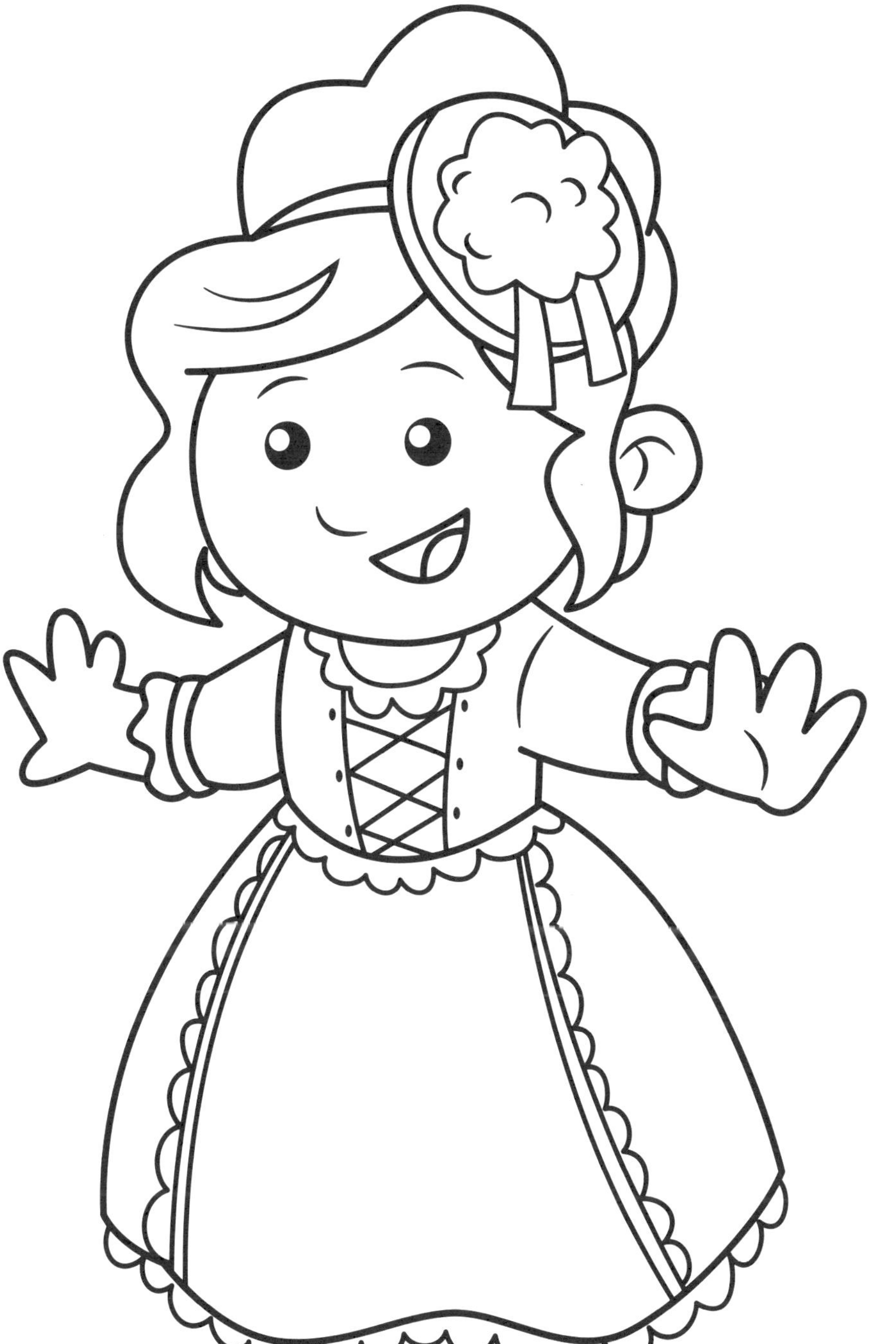

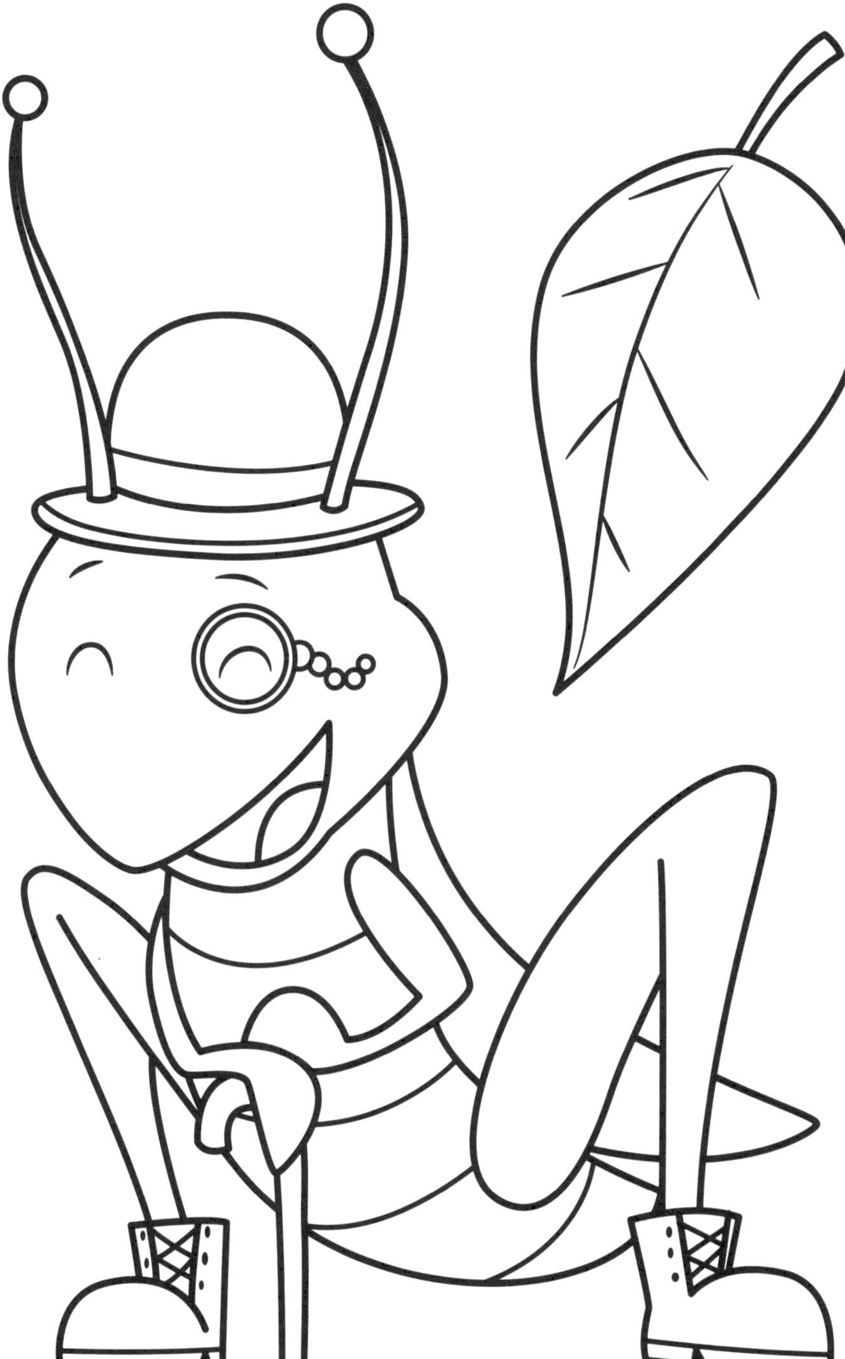

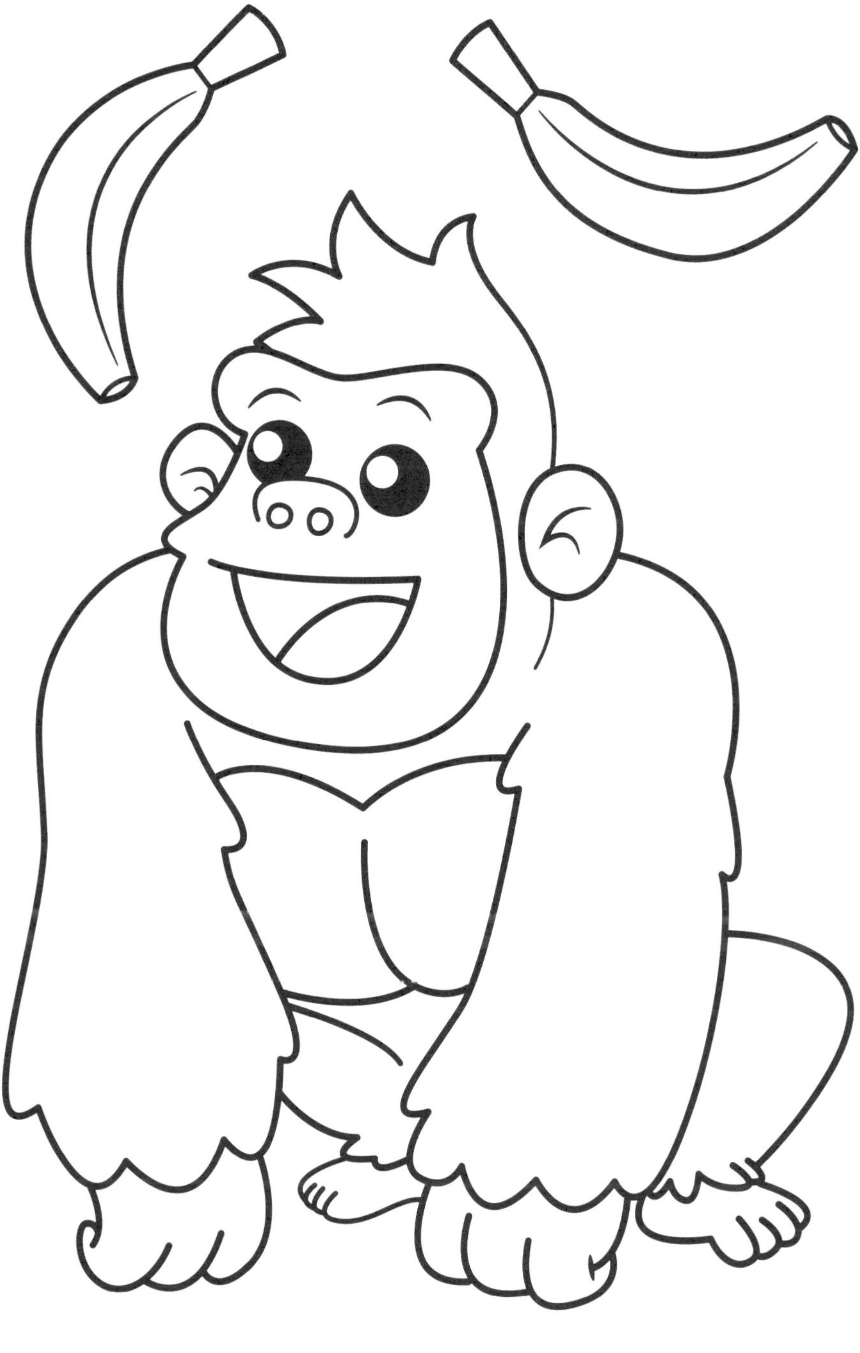

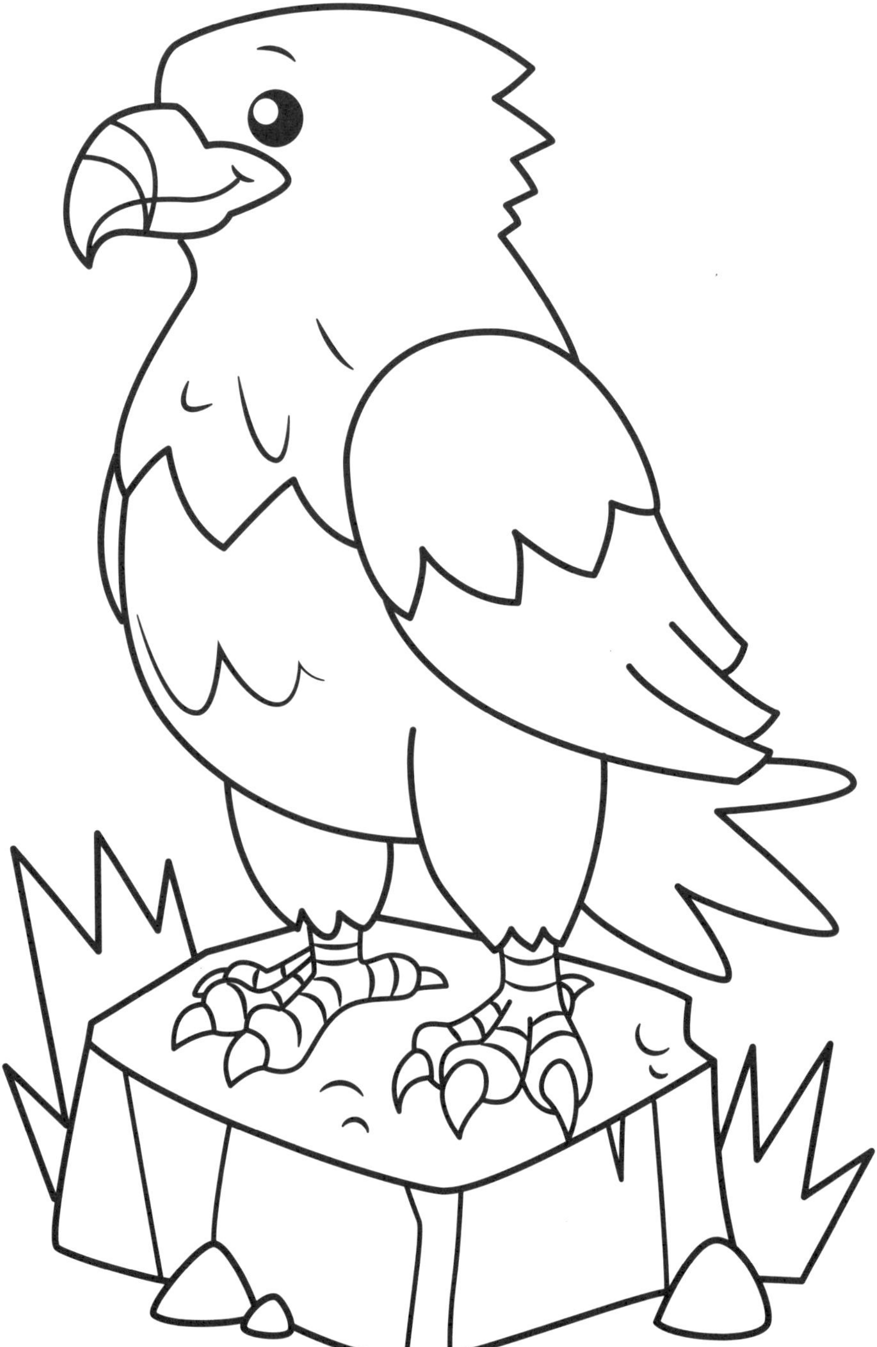

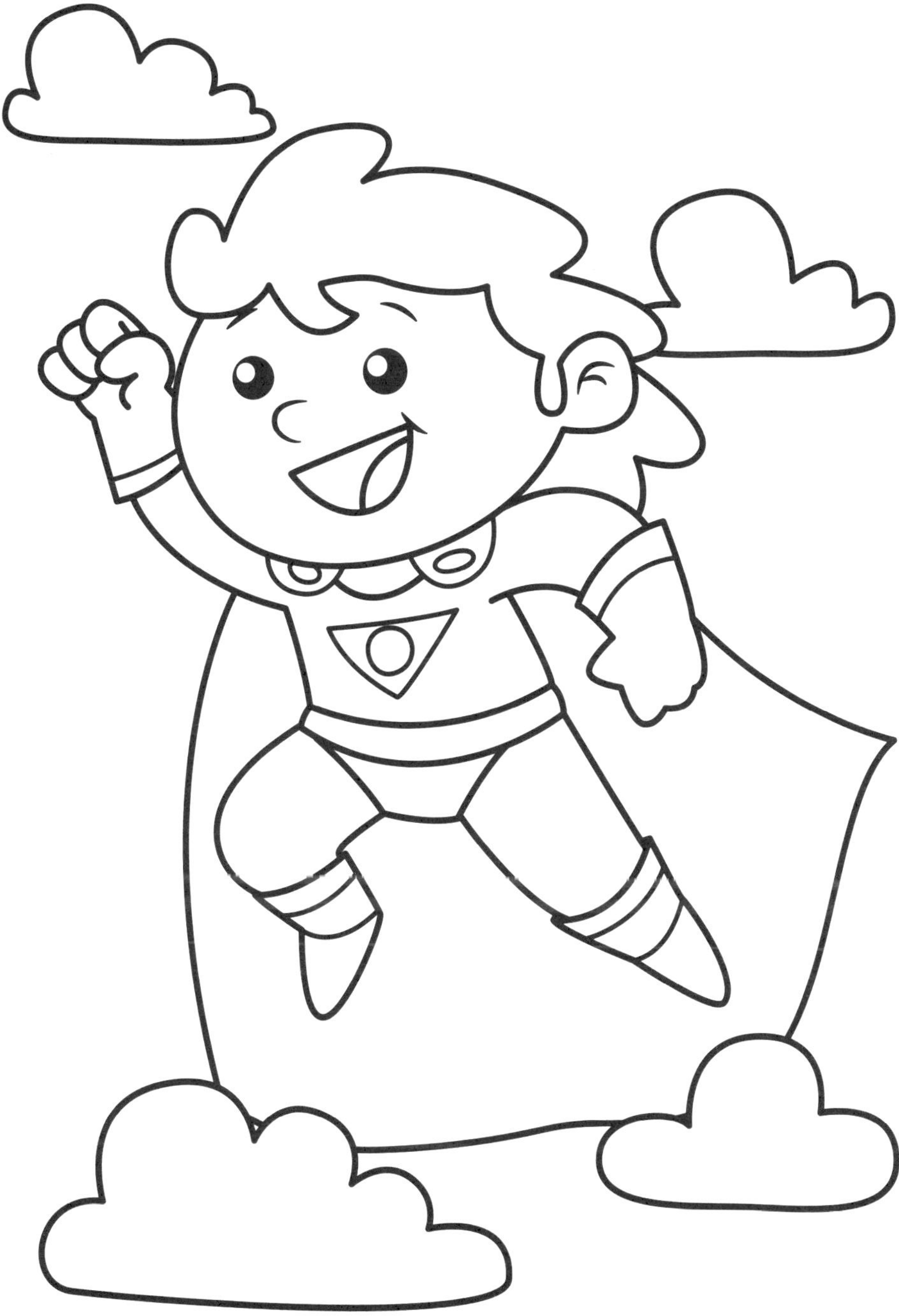

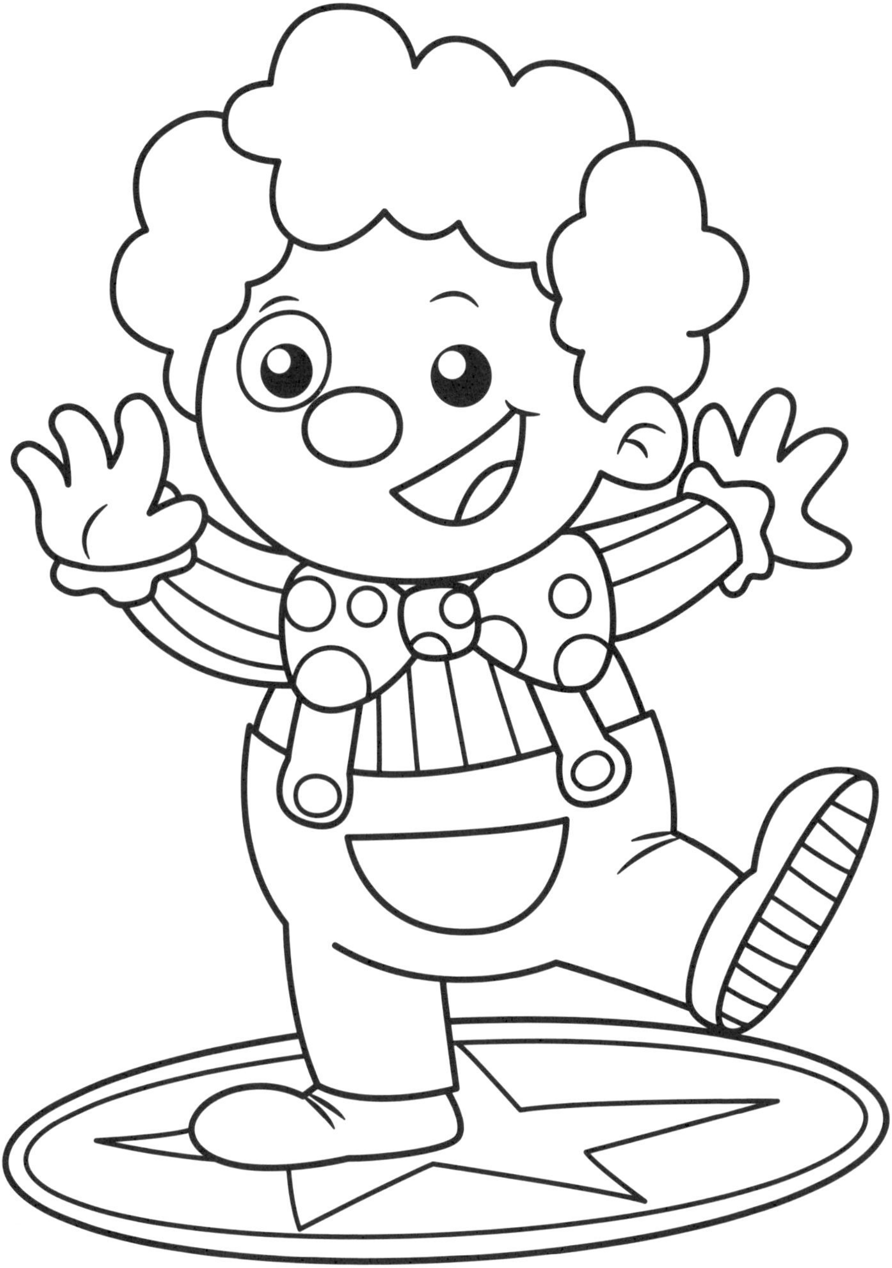

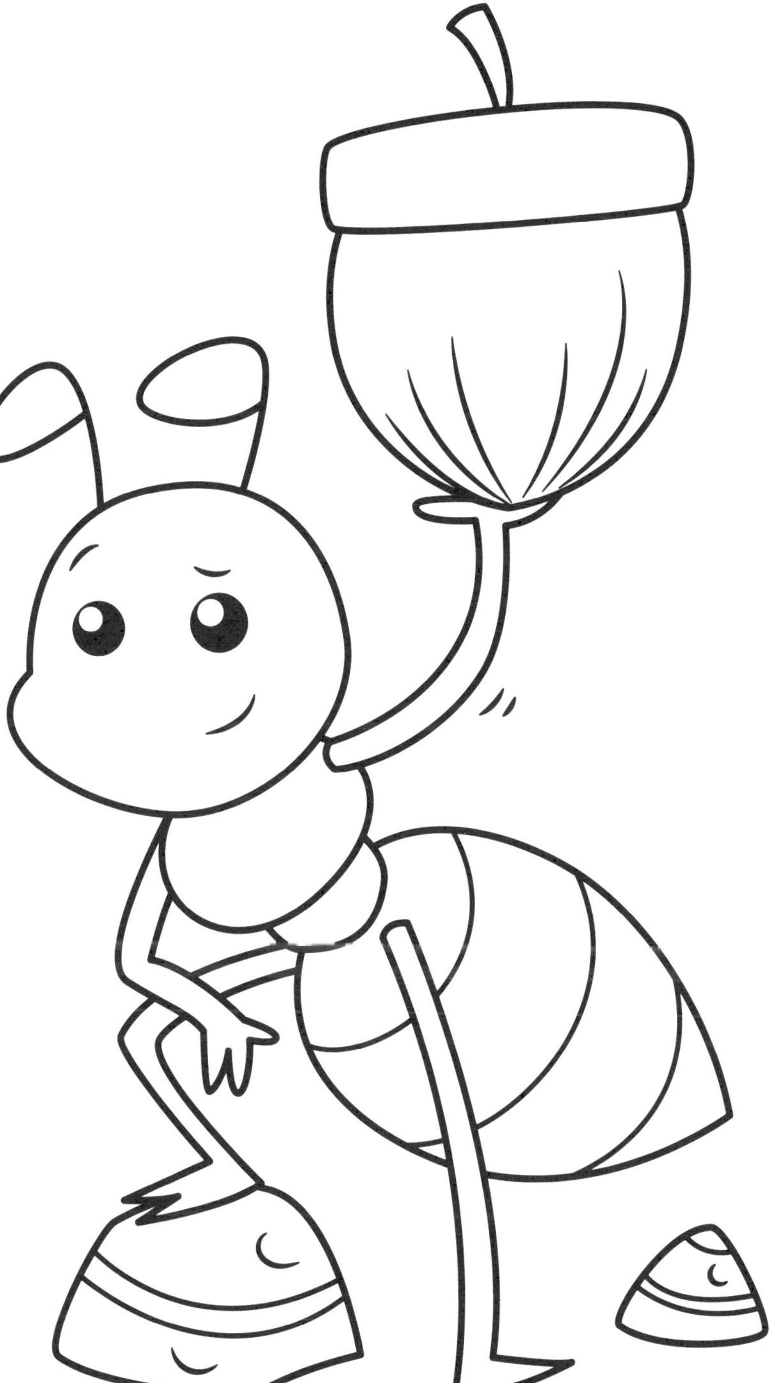

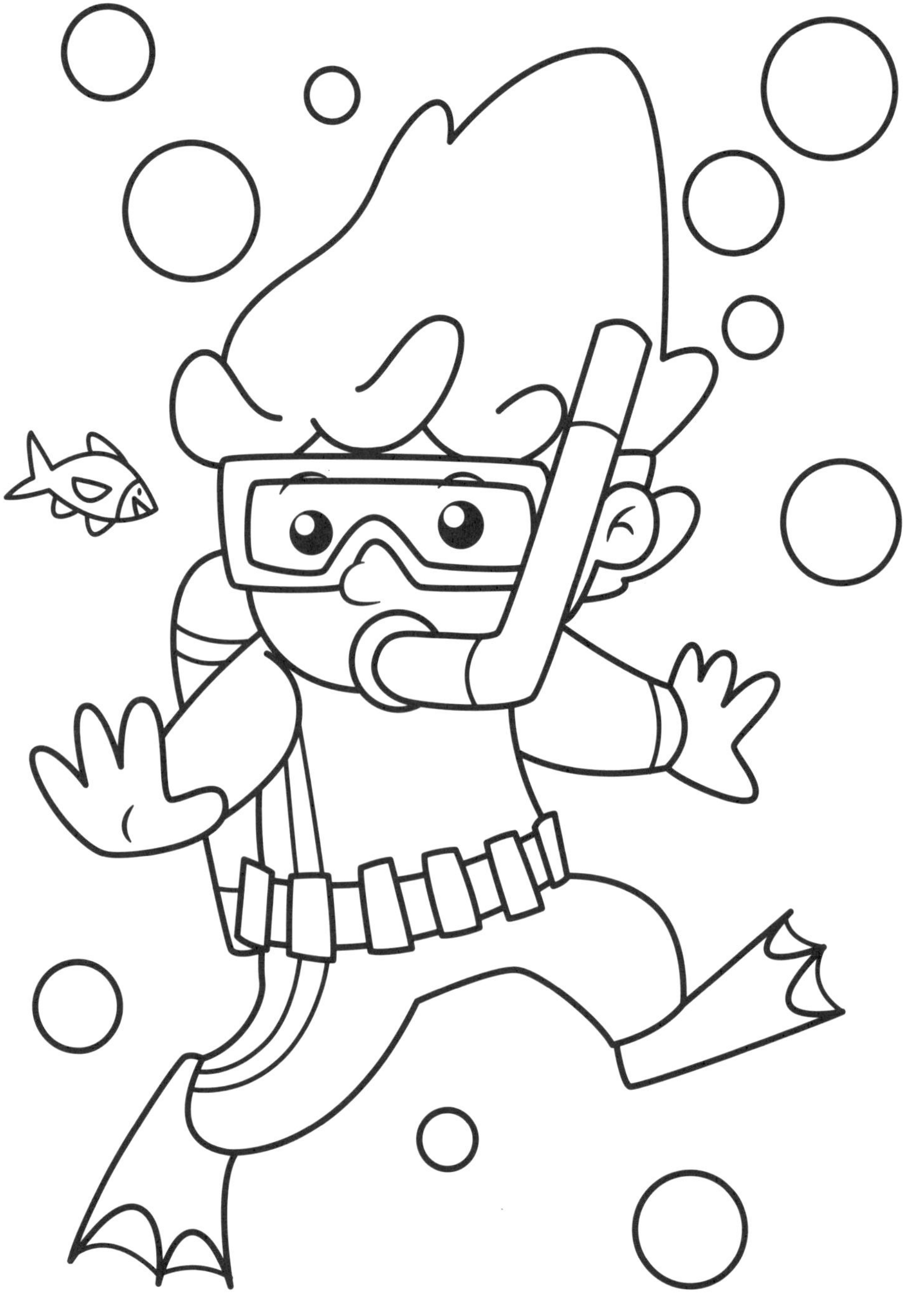

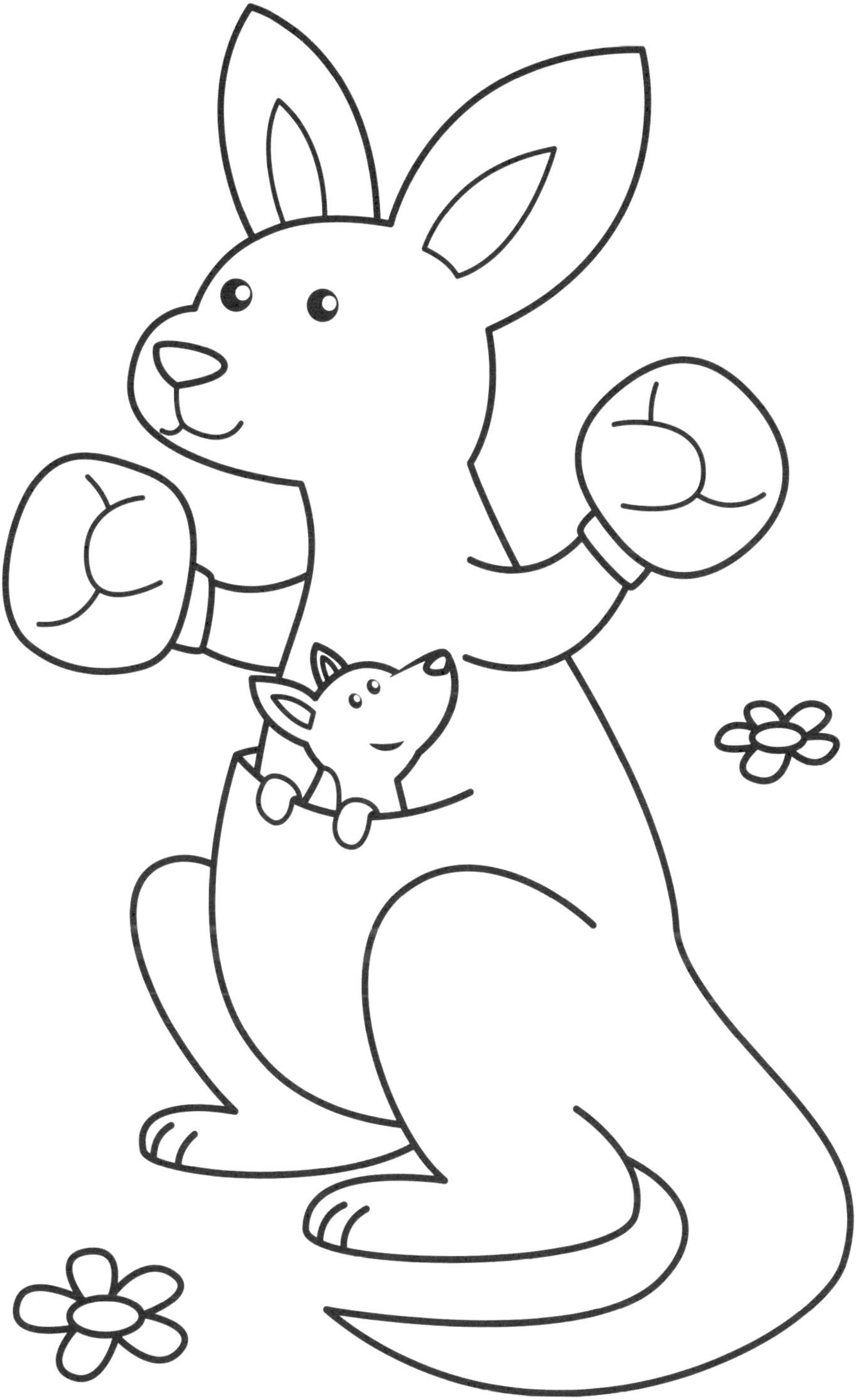

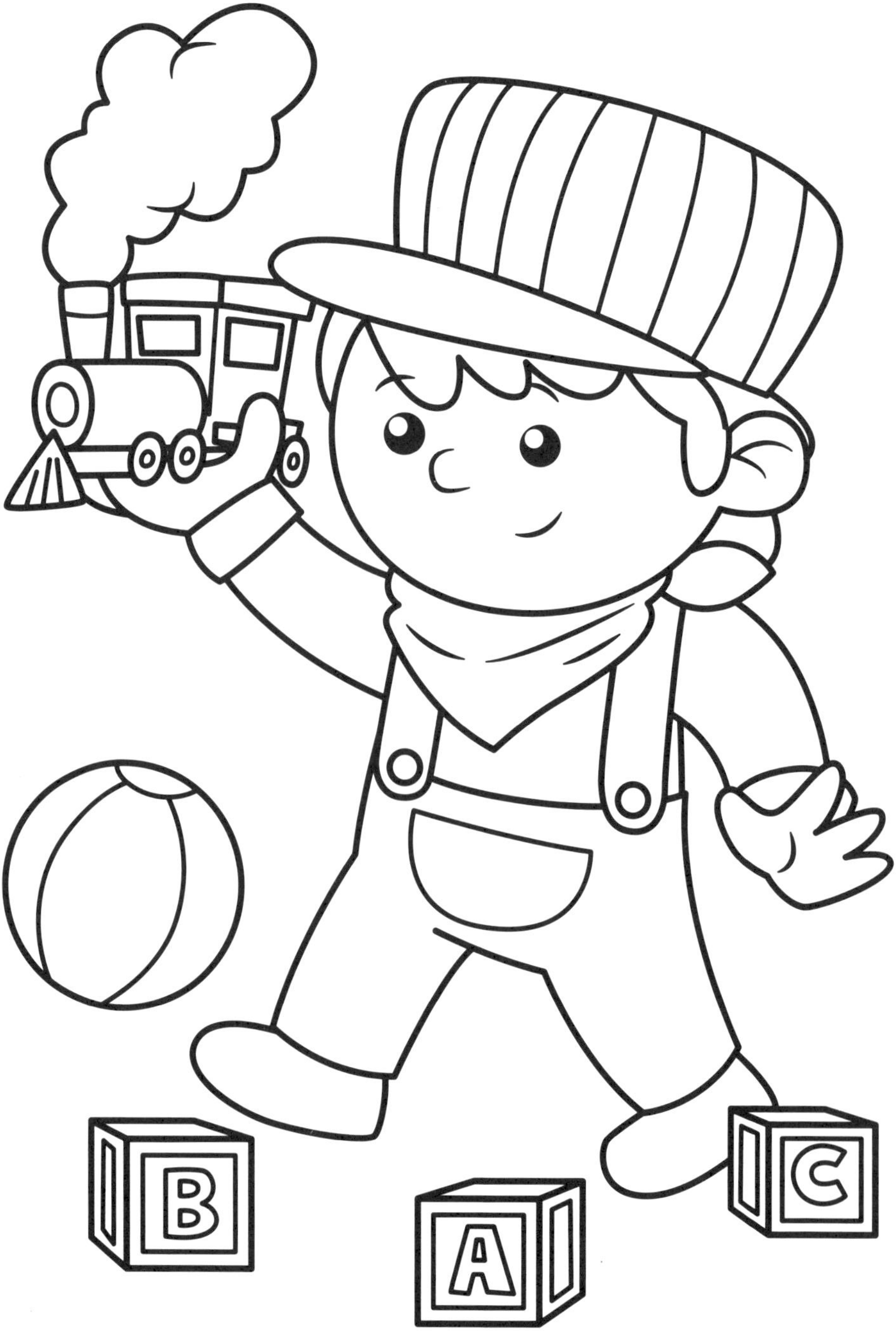
B
A
C